Petra Hoffmann

Taschen nähen

Creative Ideen für moderne Handtaschen, Shopper & Co.

OZ creativ

***Petra Hoffmann** ist erfolgreiche Autorin bei OZ creativ. Ihre frischen und trendigen Ideen hat sie bereits in mehreren Büchern veröffentlicht. Mit diesem Buch macht sie Lust auf tolle Taschen*

VORWORT

Liebe Leserinnen, liebe Leser,

bei Taschen ist es wie mit Schuhen: Man, oder besser frau, hat nie genug davon. Und immer gibt es noch eine Schönere, die einem gerade noch gefehlt hat für ein ganz bestimmtes Outfit.

In der Reihe **design & fashion** *möchten wir Ihnen ein weiteres Buch mit trendigen Taschen vorstellen, denn auch dieses Jahr zählen diese zu den unverzichtbaren modischen Begleitern. Typgerecht und maßgeschneidert finden Sie hier zu jedem Anlass und auch Outfit genau das richtige Modell. Wählen Sie einfach zwischen Federn, Filz und Leder für extravagante Auftritte. Entscheiden Sie sich für Kunst-, Kitsch- oder Karrieretaschen. Verreisen Sie mit Taschen aus LKW-Plane, heiraten Sie mit samtiger Herztasche oder verwandeln Sie farbenfrohe Handtücher zu praktischen Badetaschen. Voll im Trend liegen Sie, wenn Sie die Stoffe mit Perlen, Borten, Glanz und Glamour dekorieren, verzieren und verschönern.*

Lassen Sie sich inspirieren!

P. Hoff

INHALT

◆ = einfach *◆◆ = mittel* *◆◆◆ = etwas aufwändiger*

Stoff aus Wollfäden

MATERIAL

- Soluvlies (von Freudenberg)
- verschiedene Wollsorten
- Pappe

1. Für eine Fläche aus parallel verlaufenden Wollfäden eine Pappe etwa 2 cm größer zuschneiden als das gewünschte Format. Die Pappe mit Wolle dicht, aber locker, umwickeln. Dabei kann jeder Wollfaden einzeln genommen werden oder auch gleichzeitig mehrere.

2. Zwei Lagen Soluvlies zuschneiden - das Format etwas größer wählen als die gewickelte Wollfläche. Die Wollfläche jetzt vorsichtig, damit die einzelnen Fäden nicht verrutschen, von der Pappe auf eine Lage Vlies schieben. Dann mit der zweiten Lage Soluvlies abdecken. Mit Stecknadeln die drei Schichten zusammenstecken.

3. Mit der Nähmaschine alle drei Flächen ungefähr zweifingerbreit aneinander nähen. Unbedingt darauf achten, dass quer zur Wollwickelrichtung genäht wird. Der Abstand zwischen den Stepplinien kann beliebig gewählt werden; je größer der Abstand, desto lockerer wird die Fläche.

4. Ist alles zu einer Fläche fertig vernäht, wird das Vlies vorsichtig, aber gründlich, unter laufendem Wasser ausgewaschen. Die nasse Fläche vorsichtig auswringen. Danach einfach trocknen lassen oder, wenn es schneller gehen soll, mit dem Föhn trocknen.

TIPP

Soluvlies ist eine tolle Sache! Dieses Zaubervlies lässt sich leicht verarbeiten und löst sich nach getaner Arbeit einfach unter fließendem Wasser auf. Es lassen sich sowohl mit einem übrig gebliebenen Wollknäuel des letzten selbst gestrickten Pullis, als auch mit farblich aufeinander abgestimmten Stoffresten ganz persönliche Unikate fertigen. Experimentieren Sie einfach mal!

TIPP

Mit folgender Verarbeitung lassen sich noch andere tolle optische Wirkungen erreichen. Benutzen Sie Stoff als Trägermaterial, verteilen Sie die Wolle wild abgewickelt darauf und decken Sie das Ganze mit Soluvlies ab. Feststecken, aufnähen und auswaschen – schon haben Sie ein neues Ergebnis.

TIPP

Bei Verwendung von Mohairwolle oder anderen faserigen Garnen, die fertige Fläche vorsichtig bürsten; so entsteht eine flauschigere Oberfläche. Ruhig ein wenig mit verschiedenen Fäden und Materialien experimentieren – mit Soluvlies lassen sich die ungewöhnlichsten Kombinationen kreieren.

Applikationen und Zierstiche

Applikationen aufbügeln

Die schnellste Art, Stoffe effektvoll aufzuwerten.

1. Aufbügelbare Applikationen gibt es mittlerweile in einer reichen Auswahl an Farben und Formen zu kaufen. Das Motiv mit der Klebeseite nach unten auf den Stoff legen und bei der für den Stoff höchst zulässigen Temperatur aufbügeln. Applikationen mit Perlen und Pailletten immer mit einem Tuch abdecken.

2. Sollen die Motive auf empfindliche Stoffe appliziert werden, ist es besser, sie mit Textilkleber oder transparent trocknendem Bastelkleber aufzukleben. Das Gleiche gilt für bereits fertige Taschen, auf die noch eine Applikation aufgebracht werden soll.

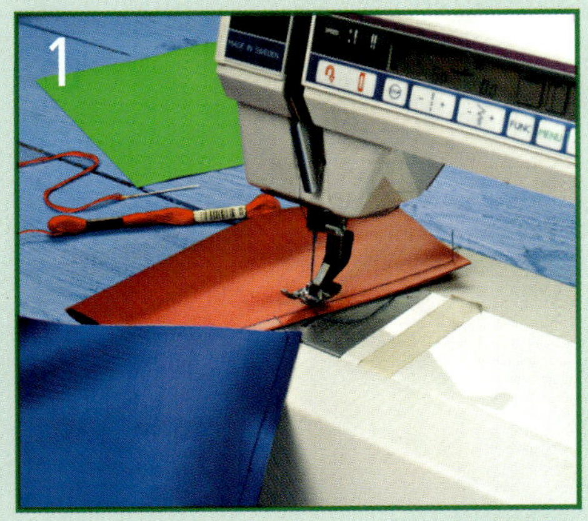

Zierstiche nähen

Da Zierstiche bei LKW-Plane recht schwer durchzuführen sind, zeigen die Bilder wie am besten gearbeitet wird, um leichter durch den Stoff stechen zu können und die Nähte sehr stabil werden.

1. Zunächst mit der Nähmaschine, mit Nähfaden in der Farbe des Stoffs, die Stoffe aufeinander steppen. Die Stichlänge beträgt 5 mm und die Nähte zeigen nach außen. So sind die Materialien schon einmal fest mit einander verbunden.

2. Jetzt das Stickgarn in die Nadel fädeln und durch die vorperforierten Löcher der bereits vorhandenen Naht stechen. Mit einem langen Faden nähen, damit zwischendurch nicht angeknotet werden muss. Die Stichlänge geht über zwei (Nähmaschinen-) Steppstiche. Dabei die Nadel abwechselnd über zwei oben und zwei unten vorwärts führen. So wird der Zierstich schön gleichmäßig.

WICHTIG

Das folgende Werkzeug sollte für alle Modelle zur Verfügung stehen, wird aber in den Anleitungen nicht noch einmal gesondert aufgeführt:

- *Nähnadeln*
- *Stecknadeln*
- *Stoffschere*
- *kleine Schere*
- *Zackenschere*
- *Schnittpapier*
- *Schneiderkreide*
- *Heftgarn*
- *Nähmaschine*
- *Bügeleisen*
- *Maßband*
- *Bleistift*
- *Lineal*

Statt des Engels kann jedes beliebige Bild als Farbkopie genommen werden

Engeltaschen

Größe

je ca. 30 x 36 cm

Schwierigkeitsgrad

◆◆◆

Die Extravagante

Pure Romantik oder opulenter Kitsch. Der schmale Grat zwischen Kunst und Kitsch wird hier beschritten. Was einst im Poesiealbum schlummerte, geht jetzt spazieren – einfach himmlisch.

MATERIAL

Für die Tasche aus Asiastoff:
- 1 m Asia-Jaquard, 90 cm breit
- 0,5 m Vlieseline® H 200, 140 cm breit
- weißer Baumwollstoff, 15 x 15 cm
- 1 Bogen A4 T-Shirt-Folie für dunkle Farben
- 2 m Satin-Schrägband in Flieder
- 0,8 m Organzaband in Hellgelb
- 0,6 m grünes Satinband, 0,5 cm breit
- fliederfarbenes Nähgarn
- Nähgarn in der Farbe des Asia-Jacquards
- Poesiealbumbild Engel
- 1 Strassstern in Lavendel zum Aufbügeln
- 4 Blüten in Orange/Rosa
- 1 Paillettenblüte in Hellblau
- 1 kleine Blüte zum Aufbügeln
- 1 Satinröschen in Pink
- transparent trocknender Bastelkleber
- Borstenpinsel

Für die Tasche aus Karostoff:
- 1 m blauer Karostoff, 120 cm breit
- 0,5 m Vlieseline® H 200, 140 cm breit
- weißer Baumwollstoff, 15 x 30 cm
- 1 Bogen A4 T-Shirt-Folie für dunkle Farben
- 2 m Satin-Schrägband in Flieder
- 0,6 m grünes Satinband, 0,5 cm breit
- 0,5 m irisierendes Paillettenband in Hellblau
- fliederfarbenes Nähgarn
- hellblaues Nähgarn
- Poesiealbumbild Engel
- 1 Herz zum Aufbügeln
- 1 Satinröschen in Pink
- Paillettenflitter in Silber
- transparent trocknender Bastelkleber
- Borstenpinsel

SO WIRD ES GEMACHT

1. Das Engelmotiv im Copyshop auf die gewünschte Größe vergrößern und auf der T-Shirt-Folie ausdrucken lassen (bei der Asiatasche einmal, bei der karierten zweimal – siehe Foto). Die T-Shirt-Folie laut Anleitung auf den weißen Baumwollstoff aufbügeln.

2. Den Schnitt der Tasche (siehe Seite 42) maßstabsgetreu auf Papier übertragen, dann jeweils viermal auf den Karostoff und viermal auf den Jacquardstoff mit Nadeln stecken und mit 1 cm Nahtzugabe ringsum zuschneiden. Vlieseline® je zweimal zuschneiden und auf die linke Seite des Jacquardstoffs bügeln. Den Tascheneingriff ausschneiden.

3. Beide Taschen werden auf dieselbe Weise gefertigt. Jeweils die Seitennaht und untere Bodennaht schließen, allerdings beim Jacquardstoff noch die Organzaborte in der Seitennaht mitfassen. Dann die seitlichen Bodennähte schließen. Die Taschen links auf links ineinander schieben und am Tascheneingriff und der Taschenöffnung zusammensteppen. Die Nähte mit dem fliederfarbenen Satin-Schrägband versäubern.

4. Den Strassstern laut Anleitung auf den Engel bügeln, dann alle Motive, Pailletten und Blüten arrangieren, mit Bastelkleber einstreichen und aufkleben. Aus dem grünen Satinband eine Schleife binden und diese von Hand an die Grifföffnung nähen.

TIPP

Wer sich zwischen Gold und Karo nicht entscheiden mag, nimmt für die Außenseite den einen und für das Futter den anderen Stoff – oder gleich für beides einen alternativen Stoff.

Sehr individuell: Die selbst gestaltete Fantasieblume auf wollenem Untergrund

Braune Cordtasche

Größe
ca. 32 x 24 x 6 cm
Schwierigkeitsgrad
◆◆◆

Die Besondere

Eigenwillig und sehr individuell – diese Tasche kann durchaus die Konkurrenz mit teuren Designermodellen aufnehmen. Der Aufwand wird durch ihre außergewöhnliche Wirkung belohnt. Kaum zu glauben, dass sie nicht gekauft ist.

MATERIAL

- 0,55 m brauner Breitcord, 140 cm breit
- 0,55 m rosa Baumwollstoff, 140 cm breit
- 3 m beiges Organzaband
- glänzendes Stickgarn in Lachs und Beige
- 1 Knäuel Wolle in Olive/Braun/Koralle changierend (z. B. „Piccolo Print 205" von Lana Grossa)
- 0,3 m Soluvlies, 90 cm breit
- Graupappe, 35 x 17 cm
- braunes Nähgarn
- rosa Stickgarn
- 0,6 m lachsfarbene Litze, 0,5 cm breit
- 5 Stoffrosen in Lachs/Rosa
- 6 Ösen mit Scheiben in Messing, 1,5 cm ø
- Hammer zum Einschlagen der Ösen

SO WIRD ES GEMACHT

1. Für die Taschenklappe die Wolle über eine Strecke von 30 cm locker, aber sehr dicht, um die Pappe wickeln (siehe Seite 6). Jetzt das Soluvlies in zwei gleich große Stücke im Format 40 x 30 cm schneiden. Die Wollfläche vorsichtig von der Pappe auf eine Lage Vlies schieben, mit der zweiten Lage die Fläche abdecken. Mit Stecknadeln zusammenstecken. Die Fläche quer zur Wollwickelrichtung absteppen. Die Stepplinien liegen füßchenbreit auseinander. Die unteren 5 cm bleiben frei.

2. Das Vlies unter fließendem lauwarmen Wasser gründlich auswaschen. Dann trocknen lassen.

3. In der Zwischenzeit die Schnitte (siehe Seite 42) maßstabsgetreu auf Papier übertragen, ausschneiden und jeweils auf den Cord- und den Baumwollstoff (= Futter) stecken. Beide Teile mit 1 cm Nahtzugabe zuschneiden. Zusätzlich für den Henkel ein Rechteck im Format 35 x 8 cm aus Cord zuschneiden.

4. An Taschen- und Futterbeutel jeweils die Seitennähte rechts auf rechts zusammennähen. Dann die Taschen rechts auf rechts ineinander schieben. Die obere Kante absteppen, dabei die hintere Seite offen lassen, dort wird später die Taschenklappe dazwischen gefasst. Die Tasche wenden.

5. Das zugeschnittene Rechteck für den Taschenhenkel rechts auf rechts zur Hälfte legen und 1 cm breit absteppen, dann verstürzen. Das Organzaband kräuseln und aufsteppen. Den Henkel innen an die Seitenteile nähen.

6. Die Taschenklappe mit dichtem Zickzackstich frei besticken. Das Motiv mit Stickgarn grob mit Spannstichen umsticken. Die Wollschlaufen am unteren Rand aufschneiden. Die Wollfläche auf das Format 30 x 16 cm zurechtschneiden und die Ränder mit Zickzackstich versäubern. An drei Seiten das gekräuselte Organzaband aufnähen. Die Taschenklappe in die Taschenöffnung schieben und von Hand oder mit der Nähmaschine die Öffnung schließen.

7. Die Ösen an der vorderen Taschenseite gleichmäßig verteilen (x im Schnitt) und nach Anleitung, die der Packung beiliegt, einschlagen. Die Litze halbieren, an jeder Seite (innen) der Tasche eine Litze annähen und durch die Ösen fädeln. Mit diesem Litzenband kann die Taschenöffnung zusammengezogen werden. Abschließend kleine Stoffrosen auf die Bandenden und die Taschenklappe nähen.

Eine bunte Mischung aus Häkelspiegeln, Paillettenblumen und Filzblättern versammelt sich auf dem Rondell

Gelbe Filztasche

Größe

40 cm ø, 7 cm tief

Schwierigkeitsgrad

Die Sonnenanbeterin

Sonnig, warm und kraftvoll wirkt diese kreisrunde Tasche. Wen wundert's, dass sogar Blumen darauf wachsen und Schmetterlinge vorbeiflattern.

MATERIAL

- 0,45 m gelber Designfilz, 3 mm stark, 100 cm breit
- rosa Bastelfilz, 20 x 10 cm
- 3 aufbügelbare Blütenranken in Rosa/Rot
- 6 rote Paillettenblüten
- 1 blauer aufbügelbarer Schmetterling
- 6 Häkelspiegel in Rot/Orange
- rotes und gelbes Nähgarn
- 1 Bogen Packpapier für den Schnitt
- transparent trocknender Bastelkleber
- Borstenpinsel
- Zirkel

SO WIRD ES GEMACHT

1. Für den Schnitt der Tasche einen Kreis mit einem Radius von 20 cm auf das Packpapier übertragen; einen weiteren Kreis mit einem Radius von 5,25 cm herstellen. Für die Seitenteile (Taschentiefe) zwei Rechtecke von je 41 x 7 cm aufzeichnen. Alle Schnittteile ausschneiden.

2. Den kleinen Kreis zum Halbkreis falten, parallel zur geraden Kante 1 cm umknicken und mit einem Klebstreifen fixieren. Die kleinen überstehenden Ecken an den Rändern mit der Schere abrunden. Den Kreis an der neuen Bruchlinie wieder aufklappen. So entsteht eine leicht ovale Form für den Tascheneingriff.

3. Den großen Kreis und das Rechteck jeweils zweimal auf den Filz übertragen und ausschneiden. Den kleinen Kreis mit 2 cm Abstand zum Rand auf die großen Kreise aufzeichnen und ausschneiden. Aus dem rosa Bastelfilz vier Blätter mit der Zackenschere nach eigener Fantasie ausschneiden.

4. Die beiden gelben Rechtecke an der schmalen Seite Kante an Kante legen und mit dichtem aber breitem Zickzackstich zu einem langen Streifen zusammennähen. Alle Filzstücke mit einem Zierstich in Rot knappkantig absteppen. Wer an seiner Nähmaschine keine Zierstiche zur Auswahl hat, kann auch einen Zickzackstich nehmen.

5. Jetzt das Seitenteil einsetzen. Die mittlere Naht des Streifens liegt genau gegenüber dem Eingriffloch. Mit gelbem Garn kapp neben der Ziernaht nähen; die Nähte zeigen immer nach außen.

6. Abschließend die Ornamente anordnen; dazu die Blütenranken zum Teil auseinander schneiden. Zum Schluss die Ornamente mit transparent trocknendem Bastelkleber einstreichen und aufkleben.

TIPPS

Andere Modellvariationen lassen sich ganz schnell herstellen, z. B. so:

– Auf einen großen roten Filzkreis kleine weiße Kreise applizieren, so entsteht eine Fliegenpilztasche.

– Statt eines großen Kreises, einen Halbkreis zuschneiden und ein schmales ovales Eingriffloch ausschneiden.

– Auch rechteckige und quadratische Formate sehen sehr gut aus.

Feste Gurte und stabile Schnappverschlüsse gehören auf jeden Fall zu einer Collegetasche

Mondriantasche

Größe
33,5 x 35 x 7 cm
Schwierigkeitsgrad
◆◆

Die Kunstliebhaberin

Eine Hommage an den niederländischen Maler Piet Mondrian. Möglicherweise lässt man Sie mit der Tasche ins Museum rein, eventuell aber nicht wieder raus!

MATERIAL

- schwarzer Designfilz, 3 mm stark, 100 x 50 cm
- rote LKW-Plane, 35 x 14,5 cm
- gelbe LKW-Plane, 35 x 14,5 cm und 21 x 10,5 cm
- weiße LKW-Plane, 21 x 14,5 cm
- blaue LKW-Plane, 26 x 9 cm
- 1,80 m schwarzes Gurtband, 3,5 cm breit
- 0,40 m schwarzes Gurtband, 2,5 cm breit
- 1 schwarzer Schnappverschluss, 3,5 cm breit (passend zum breiten Gurtband)
- 2 schwarze Schnappverschlüsse, 2,5 cm breit (passend zum schmalen Gurtband)
- schwarzes Nähgarn
- doppelseitiges Klebeband
- Marabu-Deco Painter in Schwarz

SO WIRD ES GEMACHT

1. Für den Taschenkörper auf dem Filz mit Schneiderkreide eine Fläche von 97 x 33,5 cm aufzeichnen und ausschneiden. Für die Seitenteile zwei große Rechtecke à 33,5 x 7 cm aufzeichnen und ausschneiden.

2. Die Filzfläche für den Taschenkörper ausbreiten und die Farbflächen aus LKW-Plane darauf anordnen. Dabei darauf achten, dass sowohl der Abstand zu den Rändern als auch zu den Flächen untereinander gleich groß ist. Damit nichts verrutscht, die Farbflächen mit einem kleinen Streifen doppelseitigem Klebeband auf dem Filz fixieren. Die große rote und gelbe Fläche kommt auf die linke Schmalseite des Filzes, die weiße und blaue Fläche auf die rechte Schmalseite – siehe Foto. Der Rest ergibt sich von alleine, denn die Rückseite der Tasche (der Mittelteil der Filzfläche) bleibt uni schwarz.

3. Die Flächen mit einem breiten, dichten Zickzackstich auf den Filz steppen.

4. Das breite Gurtband in ein 70 cm und ein 110 cm langes Stück schneiden. Die Enden versiegeln (siehe Hinweis). Beide Bänder mittig auf den Seitenflächen ausrichten und schmalkantig aufsteppen.

5. Den breiten Schnappverschluss auf dem Träger einfädeln, dann die Gurtenden nochmals doppelt eingeschlagen und absteppen.

6. Für den Taschenverschluss das schmale Gurtband in zwei Teile schneiden. Dann von jedem Teil nochmals 5 cm abschneiden. Alle Enden versiegeln. Aus den kurzen Stücken zwei kleine Schlaufen legen und mit eingefädelten schmalen Schnappverschlüssen an die Taschenklappe steppen. Auf die beiden restlichen Gurtbänder die Schließen aufziehen, dann die Gurtenden an den Taschenkörper steppen, die offenen Enden 2 cm einschlagen und absteppen.

7. Die Seitenteile an den Taschenkörper nähen, dabei zeigen die Nähte nach außen, die Nahtzugabe beträgt circa 3 mm.

TIPP

Falls die aufgenähten schwarzen Konturen die Farben durchblitzen lassen, einfach mit schwarzem Deco Painter, von Marabu, den es im Bastelfachhandel gibt, die Ränder übermalen. Alle Gurtenden mit einem Feuerzeug oder einer Kerzenflamme anbrennen, damit sie schmelzen und so versiegelt sind.

Das Paspelband, passend zu Reißverschluss und roten Blumen, ergibt eine schöne Abschlusskante

Hellblaue Blumentasche

Größe

45 x 26 x 8 cm

Schwierigkeitsgrad

◆◆◆

Die Frühlingshafte

Sie verbreitet gute Laune, auch an grauen Tagen. Es muss ja keiner wissen, dass sie sogar einen Regenschirm beherbergen kann, der so bei Schmuddelwetter jederzeit griffbereit ist.

MATERIAL

- 0,50 m hellblauer, mit Blumen bestickter, Baumwollstoff, 120 cm breit
- 0,50 m hellblauer Baumwollstoff, 1,40 cm breit
- 1 m aufbügelbare Vlieseline® H 200, 140 cm breit
- 1 roter Reißverschluss, 30 cm
- 3 m rotes Paspelband
- 0,65 m schwarzes Gurtband, 3,5 cm breit
- hellblaues Nähgarn

SO WIRD ES GEMACHT

1. Den Baumwollstoff mit Blumen und den uni hellblauen Stoff (Futter) mit Vlieseline® bebügeln. Schnittteile (siehe Seite 43) maßstabsgetreu auf Schnittpapier übertragen und ausschneiden. Vorder- und Rückteil für den Taschenkörper jeweils zweimal aus Blumenstoff und hellblauem Stoff zuschneiden. Seitenteil und Oberteil einmal aus Blumenstoff und einmal aus Futterstoff zuschneiden. Zusätzlich zwei Streifen im Format 65 x 5,5 cm zuschneiden, mit ihnen wird das Gurtband überzogen.

2. Die zwei Streifen für den Träger rechts auf rechts legen und mit 1 cm Nahtzugabe absteppen. Den Träger verstürzen, dann das Gurtband mit einer Sicherheitsnadel durch den Tunnel ziehen.

3. Den Schlitz für den Reißverschluss an der gestrichelten Linie entlang in die beiden Oberteile aus Blumen- und Futterstoff schneiden. Die so entstandene Nahtzugabe nach innen einschlagen und bügeln. Den Reißverschluss mit Heftfaden unter den Blumenstoff heften, dann von Hand verdeckt einnähen oder knappkantig absteppen.

4. Das Paspelband am äußeren Rand des Blumenstoffs entlang jeweils an Vorder- und Rückteil heften.

5. Das Reißverschlussteil rechts auf rechts auf die beiden Enden des Seitenteils stecken – es entsteht ein Ring. Dabei den Taschenträger gleich in den beiden Nähten mitfassen, dann die Naht absteppen. Den Ring jeweils an Vorder- und Rückteil rechts auf rechts legen und knapp an der Paspel entlang zusammensteppen.

6. Den Futterbeutel separat arbeiten. Hier das Oberteil und die beiden Enden des Seitenteils rechts auf rechts legen und die Naht absteppen. Dann an beiden Seiten das Vorder- und Rückteil rechts auf rechts anlegen und auch diese Naht steppen.

7. Den Futterbeutel links auf links in die Tasche schieben. Die Nahtzugaben der Futteröffnung nach innen schlagen und mit unsichtbaren Stichen (Hohlstiche) an den Reißverschluss nähen.

TIPP

Paspelband lässt sich auch selbst herstellen, indem man längs in die Mitte eines roten Schrägbands eine Kordel legt, dann das Schrägband darüber schlagen und knapp neben der innen liegenden Kordel absteppen.

Wie das Herz sind auch Rosen Ausdruck von Liebe und Leidenschaft

Rote Herztasche

Größe

33 x 29 x 4,5 cm

Schwierigkeitsgrad

♦♦♦

Die Liebende

… wartet mit glühendem Herzen darauf, geheiratet zu werden. Wer die Tasche schon mal hat, muss nur noch auf den Antrag warten. Ob wohl Ihr Herzallerliebster den kleinen Wink erkennt?

MATERIAL

- 0,40 m roter Pannesamt, 140 cm breit
- 0,30 m roter Futterstoff, 140 cm breit
- 0,40 m Vlieseline® H 200, 140 cm breit
- 0,6 m Vlieseline® S 520, 140 cm breit
- Füllwatte
- 1 Döschen rote Stiftperlen
- rote Stoffrosen
- grüne Stoffblätter
- rotes Nähgarn
- Perlnadel
- Dekoflitter in Rot und Grün
- transparent trocknender Bastelkleber
- Borstenpinsel

SO WIRD ES GEMACHT

1. Den Schnitt (siehe Seite 43) zweimal maßstabsgetreu auf Schnittpapier übertragen. Ein Schnittteil an der gestrichelten Linie durchschneiden. Diese untere Hälfte bildet das Futter, die obere Hälfte den Beleg. Die Schnittteile auf die Stoffe und Einlagen legen und folgendermaßen zuschneiden:
Für das Vorder- und Rückteil zwei Herzen aus Pannesamt und zwei Herzen aus Vlieseline® H 200, zweimal die obere Herzrundung aus Pannesamt, zweimal die Herzspitze aus Futterstoff, alle jeweils mit 1 cm Nahtzugabe ringsum. Zwei ganze Herzen aus Vlieseline® S 520 ohne Nahtzugabe zuschneiden. Für das Seitenteil aus Pannesamt, Vlieseline® H 200 und Futter jeweils einen Streifen von 57 x 6 cm; aus Vlieseline® S 520 einen Streifen im Format 55 x 4 cm zuschneiden. Für die Henkel zwei Streifen aus Pannesamt mit 34 x 7 cm zuschneiden.

2. Die Henkel rechts auf rechts zur Hälfte legen und mit 1 cm Nahtzugabe die Längskante absteppen, verstürzen und mit Watte füllen.

3. Vorder-, Rück- und Seitenteil aus Pannesamt mit Vlieseline® bebügeln. Das Seitenteil rechts auf rechts jeweils auf Vorder- und Rückteil legen (von ↘ bis ↙ im Schnitt), feststecken und die Teile zusammennähen. Die Belege (obere Herzrundungen) aus Pannesamt rechts auf rechts an Vorder- bzw. Rückteil stecken, dabei die Henkel an den gekennzeichneten Stellen einschieben und danach die Naht absteppen und über die Bogenkante verstürzen. Die Schabrackeneinlage an Vorder- und Rückteil einschieben und vorsichtig aufbügeln.

4. Die schrägen Kanten des Vorderteilfutters mit dem Futter des Seitenteils zusammennähen. Ebenso das Rückteilfutter an das Seitenteilfutter nähen. Das Futter verstürzen, links auf links in die Tasche stecken und von Hand mit Hohlstichen unsichtbar an der geraden Kante der Tascheninnenseite annähen.

5. Die Stiftperlen ringsum auf die vordere und hintere Taschenkontur nähen. Die Blütenränder und Blätter mit Klebstoff bestreichen und Flitter auftragen. Die Rosen und Blätter arrangieren und ankleben.

Glitzernd und funkelnd betont eine schwarze Paillettenblume den festlichen Charakter dieses Taschenmodells

Grüne Abendtasche

Größe

36 x 20 cm

Schwierigkeitsgrad

◆◆

Die Festliche

Sehr nobel sieht es aus, das Abendtäschchen mit flaumigem Boarand. Die ideale Begleiterscheinung für anspruchsvolle Ästhetinnen, die auch mit ihren Accessoires ihre Individualität ausdrücken.

MATERIAL

- 0,6 m grüner Baumwollsamt, 120 cm breit
- 0,6 m grüner Viskose-Futtersatin, 140 cm breit
- 0,3 m schwarze Federborte
- 3 schwarze Paillettenblüten
- 2 schwarze Blütenranken
- 2 Taschengriffe
- grünes Nähgarn
- Druckknopf zum Annähen
- transparent trocknender Bastelkleber

SO WIRD ES GEMACHT

1. Den Schnitt (siehe Seite 43) maßstabsgetreu auf Schnittpapier zeichnen, ausschneiden und auf das Futter und den Samt übertragen. Samt und Futter mit 1 cm Nahtzugabe zuschneiden.
2. Jedes Teil rechts auf rechts legen und die Seitennähte schließen. Dann die Bodennähte schließen, dabei treffen die mit • und * gekennzeichneten Stellen aufeinander.
3. Samt- und Futterbeutel rechts auf rechts ineinander schieben und entlang der offenen Kante ringsum zusammensteppen, dabei eine Öffnung von 10 cm zum Verstürzen lassen. Die Naht mit Hohlstichen von Hand schließen.
4. Die Griffe mittig ausrichten und 3 cm parallel zur oberen Taschenkante am Rückteil der Tasche (und der Taschenklappe) annähen.
5. Danach die Federborte auf die vordere Taschenklappe nähen, dabei 1 cm rechts und links einschlagen, damit sie nicht ausfranst.
6. Den Druckknopf zum Verschließen der Tasche auf die Taschenklappe und gegenüber an die Tascheninnenwand nähen.
7. Zum Schluss die Paillettenmotive und Ranken arrangieren und mit Bastelkleber aufkleben

Federleicht und beschwingt wirbeln dünne Baststreifen rund um das luftige Netz

Hellblaue Basttasche

Größe

45 x 60 cm

Schwierigkeitsgrad

◆

Die Fetzige

Pastellig zart und leicht beschwingt fliegt dieser himmelblaue Bastbeutel wie ein Wirbelwind an Ihrer Seite. Mit dieser Tasche tanzen Sie mit Sicherheit in der ersten Reihe.

MATERIAL

- Netztasche
- 3 Knäuel hellblauer matter Rayonbast
- Graupappe, 30 x 12 cm
- Ball

SO WIRD ES GEMACHT

1. Den Bast parallel zur langen Seite auf die Graupappe wickeln und mit der Schere entlang einer Pappkante aufschneiden. Auf diese Weise erhält man im Handumdrehen ganz viele gleichlange Baststücke.
2. Den Ball in die Netztasche legen. So werden die Maschen besser auseinander gezogen.
3. Um jede Masche ein bis zwei Baststreifen knoten: Die Streifen zur Hälfte legen, dann wie bei einem Schal um die Masche knoten. Von unten nach oben alle Streifen rundum einarbeiten.
4. Alle Baststücke einzeln auffächern. Ist alles fertig, werden Unregelmäßigkeiten mit der Schere zurückgeschnitten, so erhält die Tasche eine gleichmäßige Form.

TIPPS

Wem diese Oberfläche zu fetzig ist, der kann auch dicke Wollfäden oder gerissene Stoffstreifen in das Netz knoten.
Hat die Tasche ausgedient, kann sie zur Fastnachtszeit wunderbar als Struwwelpeter-Perücke verwendet werden: Einfach auf die gewünschte Länge abschneiden und ein Gummiband durchziehen oder für kleine Ballerinas unten zwei Löcher reinschneiden, oben ein Gummiband einziehen – und fertig ist das Tutu.

Bereits fix und fertig aufgestickte Streublümchen verteilen sich wie auf einer grünen Wiese auf dem Handtuch

Badetasche

Größe

48 x 32 x 7 cm

Schwierigkeitsgrad

◆

Die Badetaugliche

Ferienspaß im Freibad verspricht diese Tasche nicht nur Schwimmern; auch Leseratten suchen sich ein sonniges Plätzchen und betten ihr Haupt darauf.

MATERIAL

- 1 grünes Frottehandtuch, 50 x 100 cm
- 1 blau gestreiftes Frottehandtuch, 50 x 100 cm
- grünes Nähgarn

SO WIRD ES GEMACHT

1. Am gestreiften Handtuch über die ganze Länge an beiden Seiten jeweils einen 9 cm breiten Streifen abschneiden. Die beiden Streifen an der schmalen Seite zu einem Band zusammennähen. Dieses Band bildet später gleichzeitig den Taschenträger, die Seitenteile und die Bodenverstärkung. Mit Zickzackstich die offenen Kanten versäubern, dann 1 cm nach innen bügeln und knappkantig absteppen.
2. Nun den Taschenboden arbeiten. Hierfür auf der linken Stoffseite des grünen Handtuchs, mit einem Abstand von 33 cm parallel zur schmalen Seite, eine Linie mit Schneiderkreide einzeichnen. Unterhalb dieser Linie das blau gestreifte Band anlegen. Das Band ragt rechts und links gleichmäßig über das Handtuch hinaus. Beide Stoffe mit Stecknadeln zusammenstecken und das Band entlang der Kanten knappkantig auf das grüne Handtuch steppen.
3. Für die aufgesetzte Tasche ein Rechteck von 30 x 27 cm auf das gestreifte Handtuch zeichnen (an der Saumkante anlegen) und ausschneiden. Die drei offenen Seiten mit Zickzackstich versäubern. Den oberen Rand 2 cm eingeschlagen und absteppen, die Seitenränder jeweils 1 cm umbügeln. Die Tasche mittig auf die kleinere grüne Fläche stecken und knappkantig aufsteppen.
4. Das Teil umdrehen. Das bereits als Boden aufgenähte Band rechts auf rechts an die Seitenkanten legen und jeweils über eine Strecke von 33 cm an die vordere und hintere Taschenwand nähen. Mit 1 cm Abstand zur Kante steppen. Der verbleibende Stoff ergibt die Taschenklappe.
5. Den Träger an der schmalen Seite zusammensteppen.

TIPP

Sind an einem sonnigen Badetag die Kleider erst einmal in der Tasche verstaut, kann man sie auch prima als Kopfkissen nutzen.
Schöne Handtücher sind oft teuer, daher lohnt es sich, schon mal im Frühjahr nach Angeboten Ausschau zu halten. Die so genannten Haushaltswochen bieten oft tolle Angebote zu günstigen Preisen.

Überaus nützliches Detail: Die kleinen Vordertaschen können fix vom Rucksack abgetrennt werden

Roter Rucksack

Größe

34 x 43,5 x 8,5 cm

Schwierigkeitsgrad

♦♦♦

Der Nützliche

Er bietet Platz für einen Aktenordner und noch einiges mehr. Funktionelles Detail: die austauschbaren Vordertaschen. Sie lassen Wertsachen auch schon mal in der Tasche untertauchen.

MATERIAL

- roter Designfilz, 3 mm stark, 120 x 45 cm
- maigrüner Designfilz, 3 mm stark, 70 x 15 cm
- pinkfarbener Designfilz, 3 mm stark, 70 x 15 cm
- 4 Metallschließen
- 2,50 m schwarzes Gurtband, 3,5 cm breit
- 0,14 m schwarzes Gurtband, 2,5 cm breit
- 1 schwarzer 2-Wege-Reißverschluss, 50 cm
- 2 schwarze Reißverschlüsse, 15 cm
- 2 schwarze Schiebeschnallen
- 2 schwarze Halbringe
- Nähgarn in Rot, Weiß, Grün, Rosa, Türkis
- Cutter

SO WIRD ES GEMACHT

1. Die Schnitte (siehe Seite 44) für den Rucksack maßstabsgetreu auf Schnittpapier übertragen. In allen Schnitten sind bereits 5 mm Nahtzugabe enthalten. Achtung! Die Länge des Seitenteils ergibt sich aus den Rundungen, unbedingt nach dem Übertragen des Schnitts auf Papier noch einmal nachmessen. Gegebenenfalls die Maße anpassen. Für die kleinen Taschen in jeder Farbe jeweils ein Teil mit und eines ohne seitlichen Riegel aufzeichnen. Die Schnittteile auf dem Filz feststecken und ausschneiden. Zusätzlich in Pink ein Rechteck mit 3,5 x 5 cm zuschneiden.

2. Die Schlitze für die Reißverschlüsse ca. 0,7 cm breit markieren und mit einem Cutter ausschneiden. Die Schlitze für die kleinen Taschen werden nur in die Teile ohne Riegel eingeschnitten. Alle Reißverschlüsse einsetzen und feststeppen. Zusätzlich auf die Vorderseite der kleinen Taschen mit unterschiedlichen Farben in freien Musterungen Linien aus Steppstichen nähen.

3. Vom breiten Gurtband zweimal 10 cm lange Stücke für die rückwärtigen Bodenschlaufen abschneiden. Die verbleibenden 2,3 m Gurtband für den Griff in der Mitte über 15 cm doppelt legen und absteppen (ist dann noch 1,75 cm breit). Dann auf die Rückseite des Rucksacks die Gurte, wie im Schnitt eingezeichnet, aufsteppen. Anschließend die Schiebeschnallen einfädeln. Am unteren Rand die Bodenschlaufen mit eingefädelten Halbringen annähen.

4. Das schmale Gurtband zur Hälfte legen und das kleine pinkfarbene Rechteck dazwischen schieben und zusammensteppen. Die überstehenden Gurtenden werden im nächsten Schritt in der oberen Mitte mitgefasst.

5. Das Vorderteil mit dem Seitenteil zusammensteppen, die Naht zeigt dabei nach außen, gesteppt wird mit 0,5 cm Abstand zur Kante. Dann das Rückteil ansteppen, zum Schluss den Boden einsetzen. Dazu am rückwärtigen Teil das Gurtband mit den Halbringen an den im Schnitt markierten Stellen einschieben.

6. Das breite Gurtband durch die Halbringe fädeln und zurück durch die Schiebeschnallen führen.

7. Auf der Vorderseite die Taschen ausrichten und die Metallschnallen auf die gewünschte Position nähen.

TIPP

Die dekorativen Taschen lassen sich beliebig austauschen und umfunktionieren. So können auch Wertsachen im Rucksack verstaut werden. Bei Bedarf einfach die kleinen Taschen abzippen und mitnehmen.

Hübsche kleine Geldbeutelchen, diesmal zweckentfremdet als Fronttaschen

Seide-Cord-Tasche

Größe

34 x 17 x 9 cm

Schwierigkeitsgrad

◆◆

Die Fröhliche

Farbenfroh in Orange und Pink kann mit diesem schimmernden Seidentäschchen dem Sommer entgegen gefunkelt werden. In den beiden pfiffigen Geldbörsen lässt sich auch noch allerlei Kleinkram verstauen.

MATERIAL

- 0,65 m pinkfarbene Dupionseide, 140 cm breit
- 0,5 m orangefarbener Feincord, 140 cm breit
- 0,5 m Vliesofix®, 140 cm breit
- 0,1 m Vlieseline® H 200, 140 cm breit
- 2 bestickte Stoffportmonees, 12 x 10 cm
- 2 aufbügelbare Blüten
- 1 lilafarbener Reißverschluss, 30 cm
- orangefarbenes Nähgarn
- Textilkleber

SO WIRD ES GEMACHT

1. Für die Taschenhenkel 11 cm von den 65 cm der Dupionseide abschneiden. Diesen Streifen mit Vlieseline® H 200 bebügeln. Auf die linke Seite vier Streifen im Format 46 x 5,5 cm aufzeichnen und ausschneiden. Jeweils zwei Streifen rechts auf rechts legen und mit 1 cm Abstand zur Kante beide langen Seiten steppen, dann wenden.

2. Die restliche Dupionseide komplett mit Vliesofix bebügeln, dann die Papierseite des Vlieses abziehen und die Seide auf den Cordstoff bügeln. So ist der Stoff gedoppelt, stabiler und leichter zu verarbeiten.

3. Nun auf Schnittpapier die folgenden Teile zeichnen und ausschneiden; die Nahtzugabe von 1 cm ringsum ist bereits in den Maßen enthalten: zweimal 36 x 19 cm für Vorder- und Rückteil (die Ecken leicht abrunden), einmal 74 x 11 cm für Seiten-Bodenteil, zweimal 36 x 7,5 cm für Tascheneingriff. Unbedingt für das Seiten-Bodenteil vor dem Ausschneiden noch mal am Vorder- oder Rückteil nachmessen, da je nach Rundung etwas mehr oder weniger an Länge notwendig ist.

4. Alle Schnittteile auf den Stoff übertragen und die Teile ausschneiden.

5. Die Tascheneingriffsteile an beiden Seiten mit 2 cm Nahtzugabe 3 cm zusammensteppen, die pinkfarbene Seite zeigt dabei nach oben. Die Nahtzugabe jeweils zweimal 1 cm nach außen (zur pinkfarbenen Seite hin) bügeln, dann knappkantig absteppen – so zeigt der orangefarbene Cord nach außen. Tascheneingriffteile und Seitenteil an den schmalen Seiten rechts auf rechts zusammennähen und dadurch zum Ring schließen. Dann nacheinander Vorder- und Rückteil einsetzen, mit Nadeln feststecken, die Träger dazwischenfassen und alles rundherum feststeppen. Die inneren Nahtzugaben mit der Zackenschere knappkantig abschneiden.

6. Zum Schluss die Portmonees von Hand aufnähen und die kleinen Blüten auf den Henkel kleben.

TIPP

Bestickte Portmonees findet man oft sehr günstig in Asialäden oder auf Kunsthandwerkermärkten.

Wie einfach doch eine simple Plastiktischdecke in eine märchenhafte Tasche verwandelt werden kann!

Blaue Spitzentasche

Größe

42 x 28 cm

Schwierigkeitsgrad

◆

Die Blumige

Mit dieser Tasche sollten zärtliche Liebesbriefe am besten gleich selbst zum Angebeteten gebracht werden.

MATERIAL

- 1 hellblaue Plastikspitzentischdecke, 50 x 38 cm
- 1,5 m hellblaues Taftband, 5 cm breit
- 1,8 m rosafarbenes Satinband, 3 mm breit
- 6 hellblaue Paillettenblüten
- 6 Blütenmotive in Rosa/Rot
- 1 Paar Taschengriffe
- hellblaues Nähgarn

SO WIRD ES GEMACHT

1. Das Taftband halbieren, dann beide Teile jeweils auf 28 cm kräuseln und an einer Kante knappkantig absteppen.
2. Die Plastikspitzentischdecke mittig rechts auf rechts falten, das Taftband in die Seitennaht legen und die Naht schließen.
3. Die Pailletten- und Blütenmotive auf der Tasche verteilen und mit Bastelkleber anbringen.
4. Das Satinband in zwei Teile schneiden. Ein Teil in der Mitte der Tasche locker durchfädeln und auf der Vorderseite verknoten. Das andere Teil am oberen Rand durchfädeln und leicht zusammenziehen – das betont den romantischen Rüschenstil.
5. Abschließend die Perlengriffe an den Seiten einhängen.

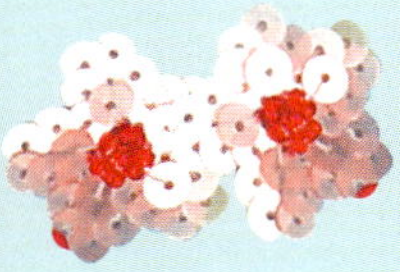

TIPPS

In allen türkischen Läden findet man farbig bedruckte Tischdecken, die oft noch mit Gold bedruckt sind. Damit es aber romantisch statt kitschig wirkt, haben wir die unbedruckte Seite als Außenseite benutzt.
Die Paillettenmotive sind eigentlich zum Aufbügeln, den Einsatz eines Bügeleisens sollten Sie in diesem Falle aber unbedingt vermeiden, da ja auch das Material aus Kunststoff ist.
Wer keinen Einblick in seine Tasche gewähren möchte, näht sich noch einen kleinen Taschenbeutel. Der wird dann unterhalb des oberen Satinbandes einfach an die Innenseite der Tasche genäht. Es empfiehlt sich einen leicht dunkleren Stoff zu nehmen, so kommt das Lochmuster gut zur Geltung.

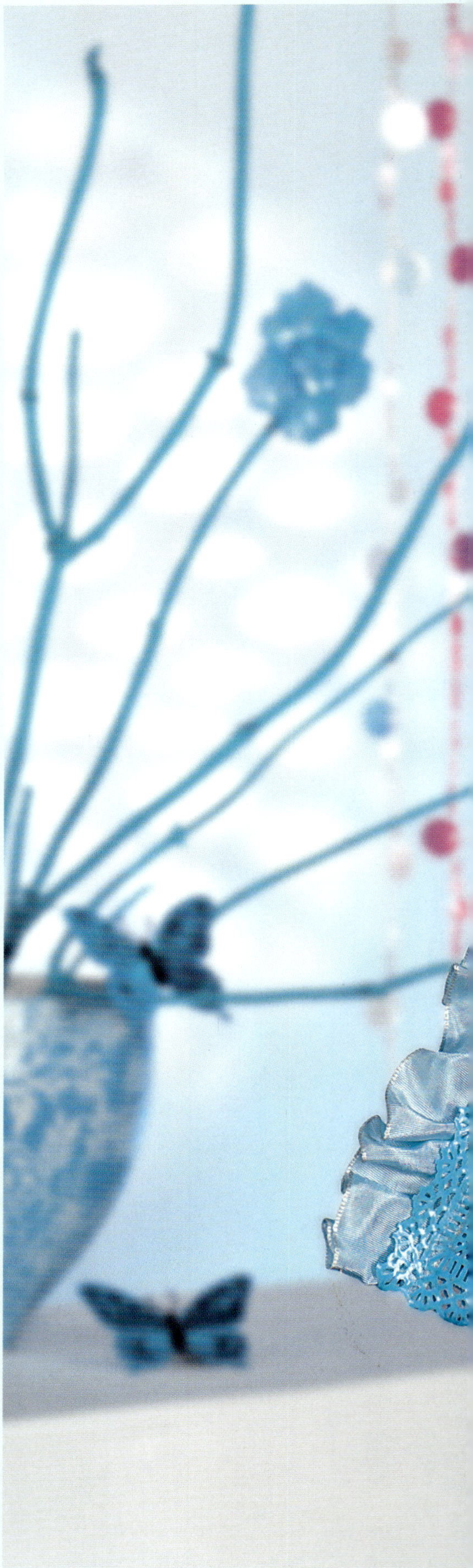

Farblich schlicht die Außenseite aus Filz – fröhlich bunt das Innenleben aus bedrucktem Stoff

Pink-rote Filztaschen

Größe

30 x 28 x 6 cm

Schwierigkeitsgrad

◆◆

Die Heiteren

Das Dreiergespann ist schnell fabriziert. Warum also nicht gleich auch die Freundinnen mit einer Tasche beglücken? Und dann am Wochenende gemeinsam shoppen gehen!

MATERIAL

- roter oder orange- oder pinkfarbener Designfilz, 2 mm stark, 42 x 62 cm
- pinkfarbener Designfilz, 2 mm stark, 50 x 5,5 cm
- 0,10 m passend bedruckter Baumwollstoff, 140 cm breit
- 0,10 m Vliesofix®, 140 cm breit
- rotes Nähgarn

SO WIRD ES GEMACHT

1. Den bunten Baumwollstoff auf der linken Seite komplett mit Vliesofix® bebügeln. Für den Taschenhenkel ein Rechteck von 50 x 5,5 cm auf die Papierseite des Vlieses zeichnen, ausschneiden und auf den gleichgroßen pinkfarbenen Filzstreifen bügeln. Zusätzlich die Längskanten knappkantig absteppen.
2. Für Vorder- und Rückteil zwei weitere Rechtecke im Format 30 x 10 cm auf der Papierseite des Baumwollstoffs aufzeichnen und ausschneiden. Das Papier vom Vlies abziehen. An einer der breiten Seiten jeweils 1 cm nach innen bügeln, dabei mit dem Bügeleisen nicht die Klebeschicht berühren.
3. Die große Filzfläche ausbreiten. Dann das Vorder- und das Rückteil mit der Klebeseite so auf die Filzfläche legen, dass die umgebügelte Kante an der Filzkante anliegt. Darauf achten, dass an beiden Seiten gleich viel Filz übersteht. Entlang den Baumwollkanten, 3 mm vom Rand entfernt, absteppen.
4. Die Filzfläche ausbreiten. 3,5 cm parallel zu den breiten Seiten über eine Länge von 28 cm vier Einschnitte vornehmen – diese bilden die Seitenteile. Die Filzfläche der Länge nach zur Hälfte Kante auf Kante legen, die Baumwollseite zeigt nach innen. Die schmalen Streifen knappkantig über 28 cm zusammennähen, die Nahtzugabe zeigt dabei nach außen. Ebenso das Seitenteil an das Vorder- und das Rückteil nähen.
5. Sind alle Nähte geschlossen, die offenen Seiten am Boden nach innen schieben. Die Tasche wenden, die offenen Stellen mit einer Naht schließen. Wieder wenden und den Träger an den Seiten ansteppen.

Die Träger werden mit einer Kreuzsteppung stabil befestigt. Das Versäubern der Ränder kann man sich bei Filz ersparen

Grüne Fadentasche

Größe

20 x 20 x 7 cm

Schwierigkeitsgrad

◆◆

Die kleine Wilde

Für Leute die was übrig haben für Firlefanz ist die über und über mit Baumwollfäden benähte Umhängetasche gedacht. Das außergewöhnliche Muster kommt bei jedem Exemplar anders raus. Selbstverständlich ist auch das i-Tüpfelchen – die Fantasieblume – selbst gemacht.

MATERIAL

- grüner Filz, 70 x 40 cm
- ca. 50 g braunes Baumwollstrickgarn
- grünes und braunes Nähgarn
- Soluvlies, 90 x 60 cm
- 2,4 m braune Satinborte, 1,5 cm breit
- 1 m braune Bastborte
- 1 rote Ansteckbrosche

SO WIRD ES GEMACHT

1. Den Schnitt mit Schneiderkreide direkt auf den Filz zeichnen. Für die Träger zwei Streifen von 70 x 3 cm, für den Taschenkörper ein Rechteck von 63 x 20 cm und für die Seitenteile zwei Rechtecke von 20 x 7 cm aufzeichnen. Alle Teile ausschneiden. Zu den drei Rechtecken jeweils ein Vliesteil zuschneiden, hierbei allerdings ringsum 2 cm Nahtzugabe zugeben.

2. Die Baumwolle vom Knäuel abwickeln und in einem losen Wirrwarr auf dem Taschenkörper und den Seitenteilen anordnen, dabei den Faden auch über die Filzränder hinaus legen. Das Soluvlies anschließend auf die wollbedeckten Filzflächen legen und feststecken (siehe Grundkurs Seite 6). Danach mit der Nähmaschine in frei verlaufenden Linien kreuz und quer über das Soluvlies nähen und die Fäden auf diese Weise fixieren. Ist das Garn gut angenäht, die Stoffteile unter fließend warmem Wasser so lange auswaschen, bis sich das Vlies komplett herausgelöst hat. Nach dem Trocknen die Teile bügeln, überstehende Garnschlaufen an den Rändern abschneiden.

3. Für die Träger vom braunen Satinband zwei Bänder mit je 66 cm Länge abschneiden. Die Satinbänder jeweils mittig auf die Filzstreifen steppen. 4 cm verbleiben dabei ohne braunes Band. Dann die Träger auf die Seitenteile steppen (siehe Detailfoto oben links).

4. Die Seitenteile nun an den oberen seitlichen Kanten des großen Filzrechtecks links auf links auflegen, mit Nadeln feststecken und knappkantig absteppen. Die am Taschenboden entstehenden Ecken 0,5 cm einschneiden, so legt sich der Taschenkörper leichter um die Ecken. Auf diese Art und Weise ergibt sich die Taschenklappe automatisch am anderen Ende des großen Rechtecks.

5. Für die Rosette das restliche Satin- und Bastband mit circa 6 cm langen Stichen mit Nadel und Faden durchweben. Anschließend alles zusammenziehen, die Blütenform entsteht so von ganz alleine. Die Blüte von Hand an die Taschenklappe nähen. Dann zusätzlich mit der Brosche feststecken.

TIPP

Es lassen sich die unterschiedlichsten Farbkombinationen herstellen. Etwas ruhiger wirkt es, wenn Filz und Wolle Ton in Ton verwendet werden.

Ein kleines grünes Zipfelchen schützt den Reißverschluss vor dem Ausreißen und sieht dazu noch witzig aus

Reisetaschen

Größe

55 x 40 x 25 cm und 40 x 30 x 18 cm

Schwierigkeitsgrad

◆◆◆

Die Reiselustigen

Knallige Signalfarben, üppiges Fassungsvermögen, nach Gebrauch unkompliziert in den Koffer zu packen: Die Qualitäten dieser beiden Raumwunder sind genau die richtigen für die Metropolen der Welt.

MATERIAL

Für die große Tasche:
- 1 Rolle rote LKW-Plane, 100 x 250 cm
- 1 schwarzer Reißverschluss, 55 cm
- 3,2 m Gurtband, 4 cm breit
- grüner Designfilz, 3 mm stark, 58 x 4 cm
- Karton für den Boden, 53 x 23 cm
- rotes Nähgarn
- rotes und schwarzes Stickgarn
- 2 Druckknöpfe
- stumpfe Sticknadel

Für die kleine Tasche:
- 1 Rolle orangefarbene LKW-Plane, 100 x 250 cm
- 1 schwarzer Reißverschluss, 40 cm
- 2,35 m Gurtband, 4 cm breit
- grüner Designfilz, 3 mm stark, 39 x 4 cm
- Karton für den Boden, 38 x 16 cm
- orangefarbenes Nähgarn
- rotes und schwarzes Stickgarn
- 2 Druckknöpfe
- stumpfe Sticknadel

SO WIRD ES GEMACHT

Beide Taschen werden auf die gleiche Weise gearbeitet.

1. Die Teile wie folgt zuschneiden. Für die **große Tasche:** Vorder- und Rückteil je 55 x 40 cm, zwei Seitenteile je 40 x 25 cm, ein Boden 55 x 25 cm, zwei Deckel je 55 x 12 cm. Für die **kleine Tasche:** Vorder- und Rückteil je 40 x 30 cm, zwei Seitenteile je 30 x 18 cm, ein Boden 40 x 18 cm, zwei Deckel je 40 x 8,5 cm.

2. Vorder- und Rückteil, 5 mm von der Kante entfernt, mit dem Boden zusammennähen. Die Stichlänge beträgt 5 mm, die Nähte zeigen nach außen. Der Zierstich aus schwarzem Stickgarn wird (von Hand genäht) über die Steppnaht gesetzt, dadurch wird er sehr gleichmäßig und man kann das Garn leichter durch die vorperforierten Löcher führen. Siehe Grundkurs Seite 7.

3. Die Ansatzlinie für das Gurtband, je 9 cm von der Seitenkante entfernt, markieren. Hier mit Kuli einen Strich ziehen, an dem das Band zum Nähen angelegt werden kann. Das Gurtband halbieren und den roten bzw. orangefarbenen Zierstich, 0,5 cm von den Rändern entfernt, von Hand aufnähen. Den Filzstreifen mittig aufsteppen und die beiden Gurtbänder zu einem großen Ring schließen.

4. Den Gurtring anbringen, dabei verläuft dieser auch über den Boden, die Filzseite liegt innen am Henkel. Darauf achten, dass die Henkel an beiden Seiten gleichlang sind. Den Gurt eventuell feststecken, und aufnähen. Am oberen Ende der Seitenteile zur besseren Festigkeit einen Riegel steppen.

5. Den Reißverschluss mit rotem Faden zwischen die beiden Deckel steppen und die schwarze Ziernaht von Hand darüber nähen. Dann an Vorder- und Rückteil steppen – die Nähte zeigen nach außen. Auch hier eine schwarze Ziernaht darüber nähen.

6. Dann die Seitenteile einsetzen, steppen und eine schwarze Ziernaht nähen.

7. Am Reißverschluss werden vorne und hinten zwei kleine Halbkreise aus grünen Filzresten angenäht – siehe kleines Bild. Diese ebenfalls mit einer Ziernaht versehen.

TIPP

Wenn man an der Innenseite der Tasche am oberen Rand, ungefähr bei den Tragegurten, zwei Druckknöpfe einschlägt, lässt sich die Tasche im oberen Bereich noch schmaler machen.

FALKPLAN Falk-Faltung
MÜNCHEN
Falk
66. Auflage

Edle Swarovski®-Kristalle und irisierende Stiftperlen sind die adäquate Verzierung für eine Abendtasche

Seidene Gürteltasche

Größe

19 x 14 cm

Schwierigkeitsgrad

◆◆◆

Die Filigrane

Aus kostbarer Seide, prachtvoll mit Swarovski®-Steinen und allerhand Perlen bestickt, kann sich diese profane Gürteltasche durchaus bei einer feierlichen Soiree blicken lassen.

MATERIAL

- 0,5 m Dupionseide, 90 cm breit
- 0,35 m aufbügelbare Vlieseline® H 200, 140 cm breit
- hellblaue Stiftperlen
- Swarovski® Schmuck-Accessoires in Orangerot, Granat, Fuchsia, Klassikrot und Koralle
- Perlnadel
- olivfarbenes Stickgarn
- beiges Nähgarn

SO WIRD ES GEMACHT

1. Für den Gürtel zwei Streifen von 9 x 90 cm vom Stoff abschneiden. Den verbleibenden Teil mit Vlieseline® H 200 bebügeln. Dann vier Rechtecke im Format 21 x 16 cm mit Schneiderkreide auf der Vliesseite aufzeichnen und ausschneiden. Zwei Teile bilden das Taschenfutter und zwei die Taschenhülle. Für die Schlaufe zum Durchführen des Gürtels zwei Rechtecke im Format 12 x 7 cm aufzeichnen und ausschneiden. Alle Stoffteile enthalten bereits ringsum 1 cm Nahtzugabe.
2. Die Bänder für den Gürtel rechts auf rechts legen und an einer Schmalseite aneinander nähen. Die Naht auseinander bügeln. Dann der Länge nach rechts auf rechts legen und mit 1 cm Nahtzugabe absteppen. Den Gürtel verstürzen, die offenen Enden 1 cm nach innen eingeschlagen und knappkantig den ganzen Gürtel ringsum absteppen.
3. Die Stoffteile für die Schlaufe rechts auf rechts legen, an drei Seiten zusammensteppen, verstürzen, die Nahtzugabe an der offenen Kante einschlagen und absteppen. Die Schlaufe wird dann auf die rechte Seite in der Mitte eines größeren Rechtecks gesteppt. Die Schlaufe 3 cm parallel von der oberen Kante entfernt aufsteppen. Dieses Teil bildet die Taschenrückseite.
4. Die Perlen und Strassteile auf einem Rechteck nach Belieben arrangieren und aufnähen. Kleine Blättchen mit Plattstichen aufsticken.
5. Danach Vorder- und Rückteil rechts auf rechts legen und an drei Seiten absteppen. Ebenso mit den Futterteilen verfahren. Den äußeren Taschenbeutel wenden, dann die obere Kante bei beiden Beuteln 1 cm umbügeln. Den Futterbeutel in den Außenbeutel schieben und mit Stecknadeln feststecken. Die obere Kante knappkantig absteppen.
6. Abschließend den Gürtel durch die Schlaufe ziehen.

TIPP

Statt Perlen sehen auch aufgenähte Zierknöpfe super aus. Oder kleine Stoffblumen, die Sie selbst von Hand herstellen können. Das macht die Tasche etwas kostengünstiger.

Hier die Variante mit beigefarbener Schnalle: Aufgeklappt wirkt die Tasche eher sportlich

Ledertaschen
Größe
je 40 cm ø
Schwierigkeitsgrad
◆◆

TIPP

Wer mit Kalbsleder arbeitet, braucht die Schnittteile jeweils nur einmal zuzuschneiden, da das Leder dicker und somit auch stabiler ist.

Die Variablen

Flexibel in Form und Fassungsvermögen sind diese Unikate, und im Handumdrehen sind sie in Form gebracht. Jetzt können sie mal am Griff getragen oder mal unter den Arm geklemmt werden.

MATERIAL

Für eine Tasche:
- 2 Häute schwarzes Ziegenleder
- 2 Häute weißes oder beiges Ziegenleder
- 1,5 m weißes oder beiges Lederband, 2 mm stark
- weißes, beiges und schwarzes Nähgarn
- 1 große schwarze Schließe
- Lederkleber
- Lochzange

SO WIRD ES GEMACHT

1. Den Schnitt (siehe Seite 45) maßstabsgetreu auf Papier übertragen. Für die Taschenaußenseiten zwei große Kreise in Schwarz, für die Innenseiten zwei große Kreise in Weiß bzw. Beige zuschneiden. Jetzt die Konturen der Kreise mit Kleber bestreichen und jeweils einen weißen/beigen und einen schwarzen Kreis zusammenkleben, die glatten Seiten zeigen nach außen.
2. Für den Tascheneingriff zwei kleine Halbkreise in Weiß bzw. Beige zuschneiden. Die Tascheneingriffe auf der schwarzen Seite auf ihre Position kleben. Jetzt erst wird der Tascheneingriff ausgeschnitten. Die Konturen knappkantig feststeppen.
3. Für die Laschen je zwei Teile in Weiß (oder Beige) mit Lederkleber aufeinander kleben. Die obere Lasche auf die Innenseite des hinteren Taschenteils kleben, dann aufsteppen.
4. Die Schnalle über die untere Lasche schieben, die Lasche einschlagen und absteppen. Das andere Ende an den unteren Rand des Kreises kleben. Mit der Lochzange in die freie Lasche 4 Löcher stanzen oder schneiden – das hängt von der Art der Schnalle ab.
5. Abschließend auf allen Teilen die Löcher für die Ziernähte markieren, der Abstand beträgt jeweils 1 cm. Kleine Löcher mit der Lochzange ausstanzen und das Lederband durchfädeln. Die Bandenden verknoten und überstehende Teile abschneiden.

Engeltaschen

(Seite 8/9)

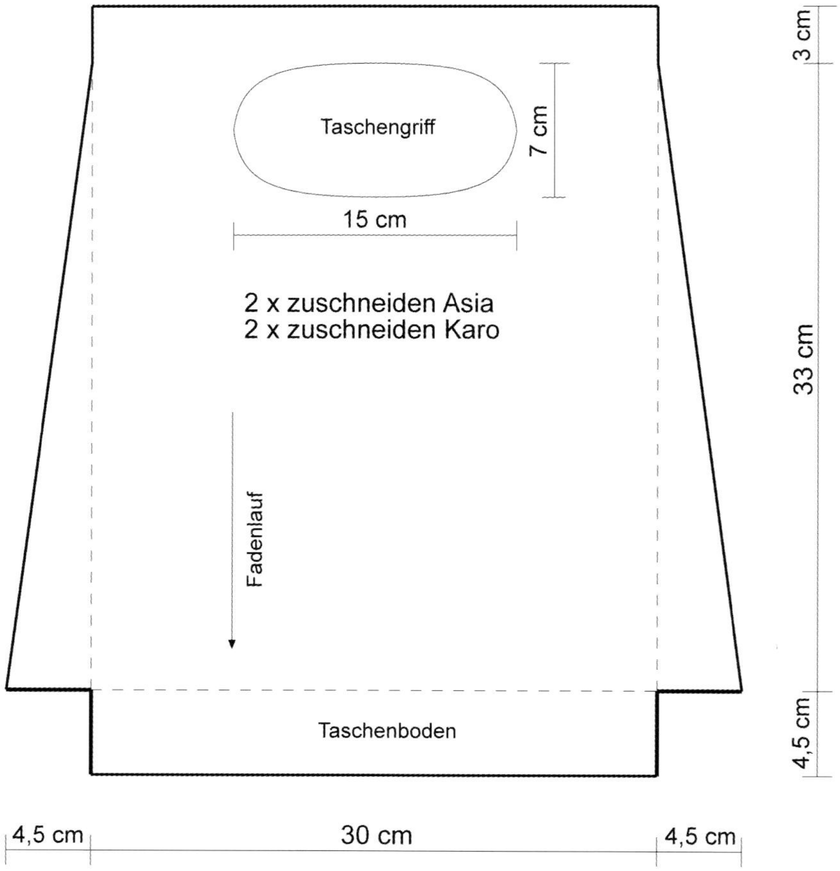

Cordtasche

(Seite 10/11)

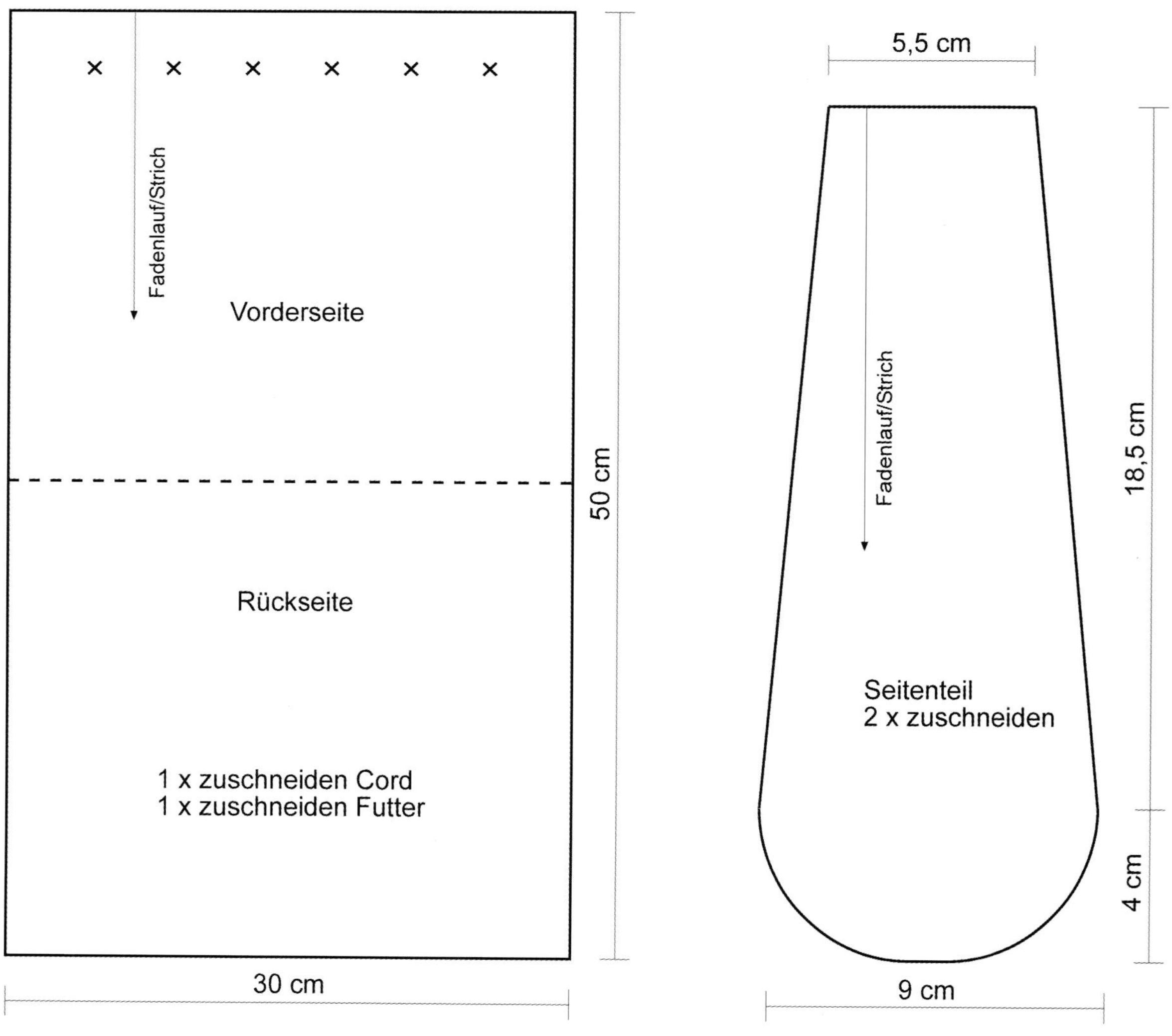

Blumentasche

(Seite 16/17)

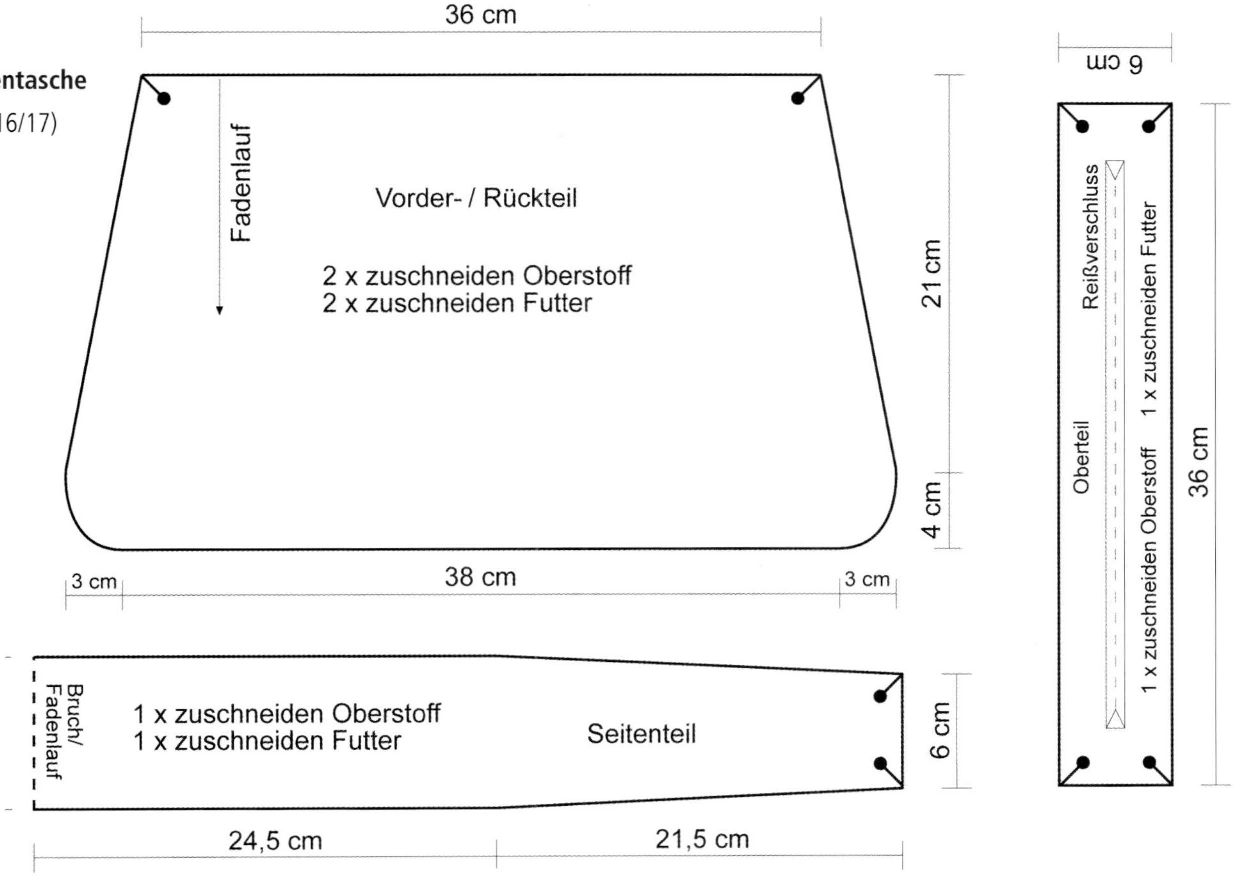

Grüne Samttasche

(Seite 20/21)

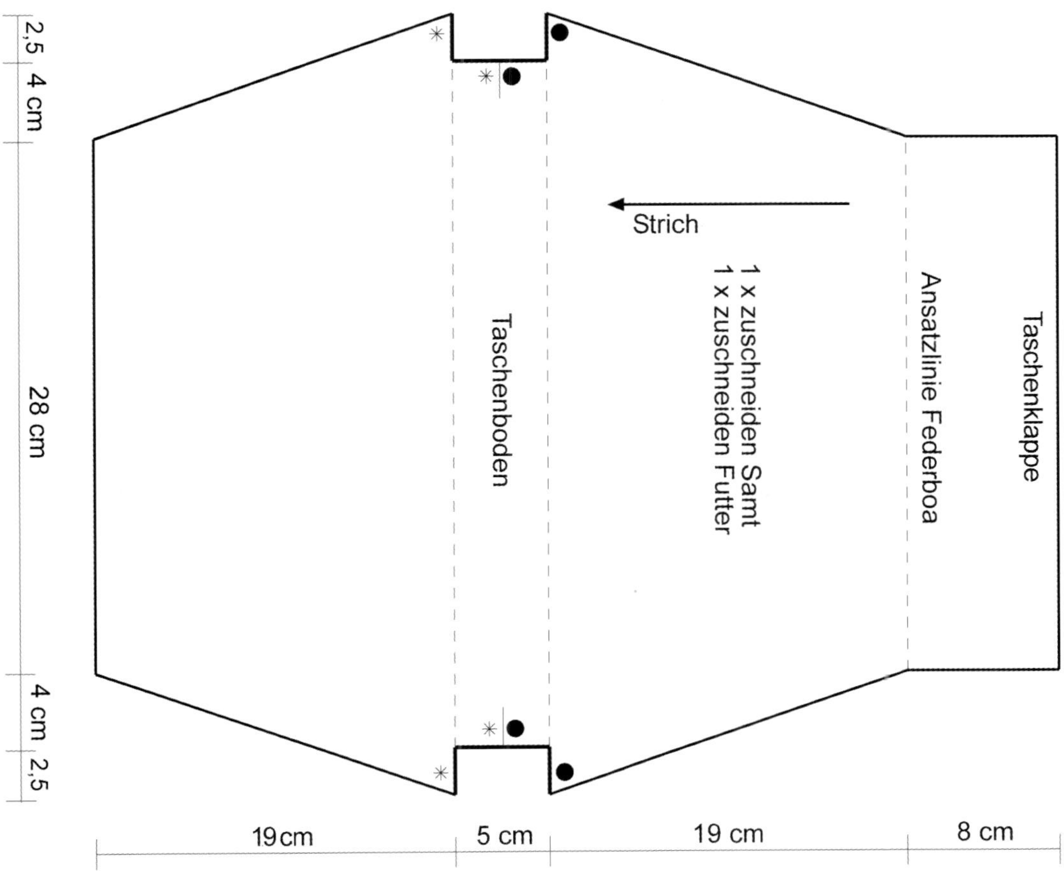

Rucksack

(Seite 26/27)

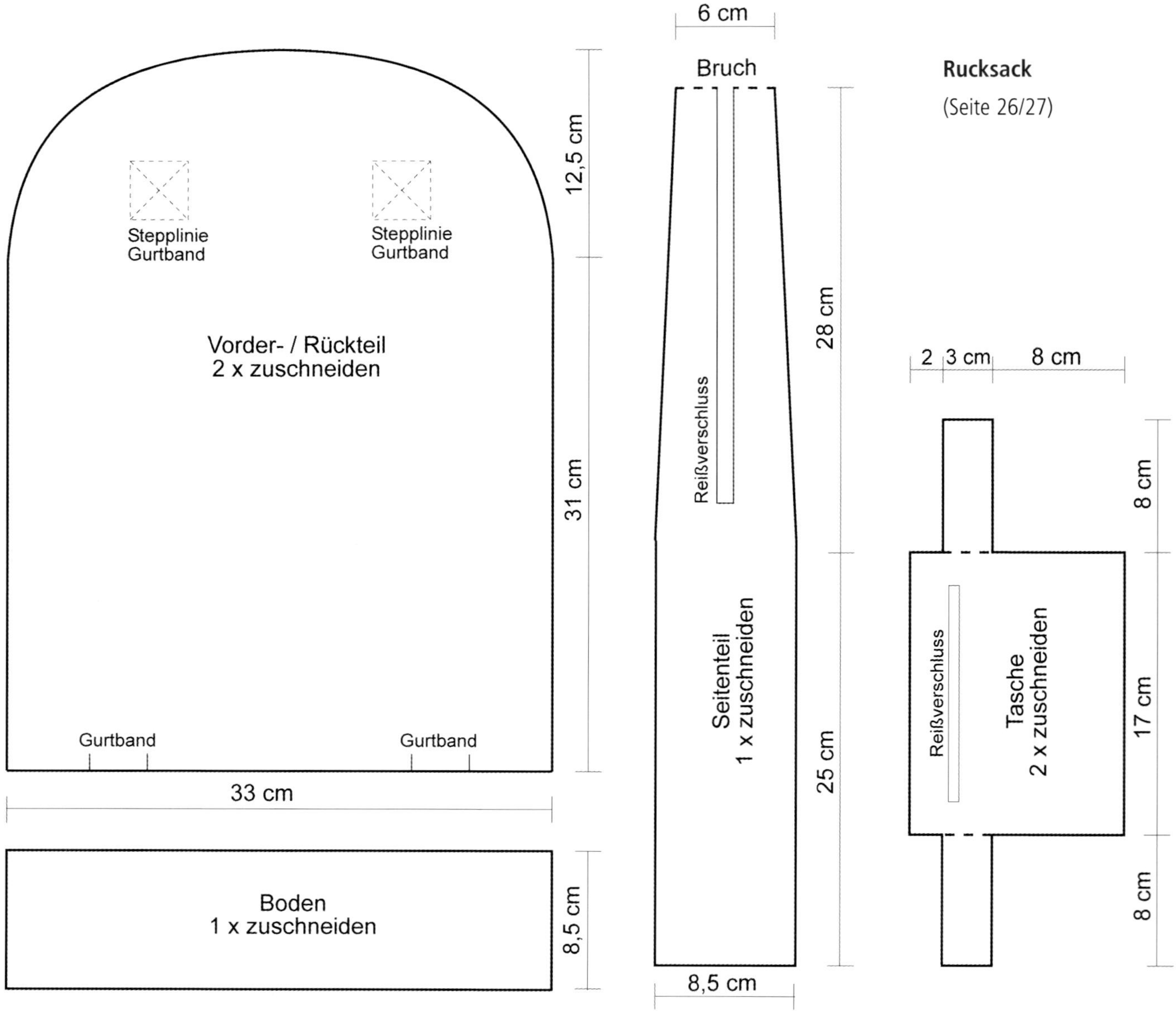

Herztasche

(Seite 18/19)

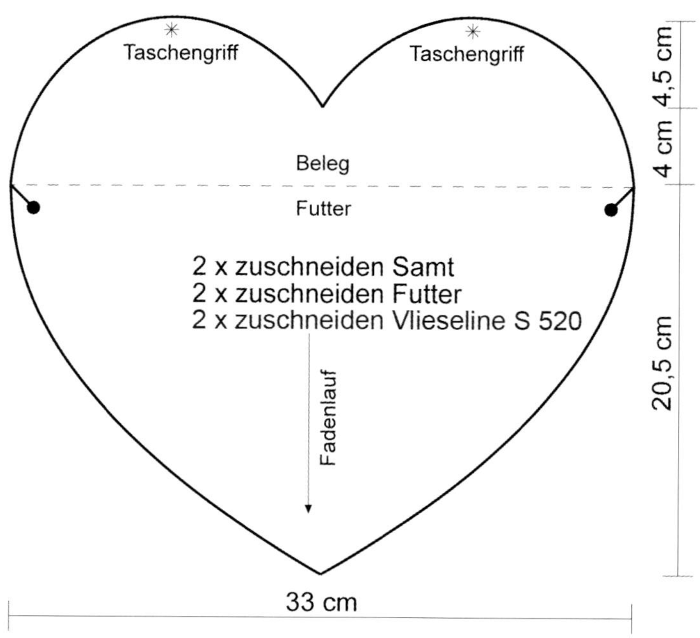

Ledertasche

(Seite 40/41)

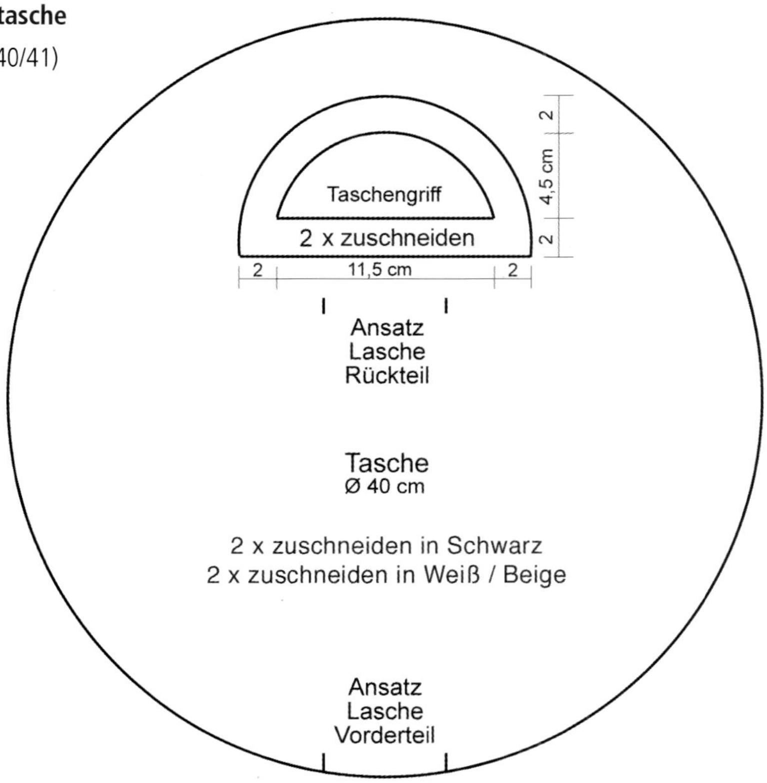

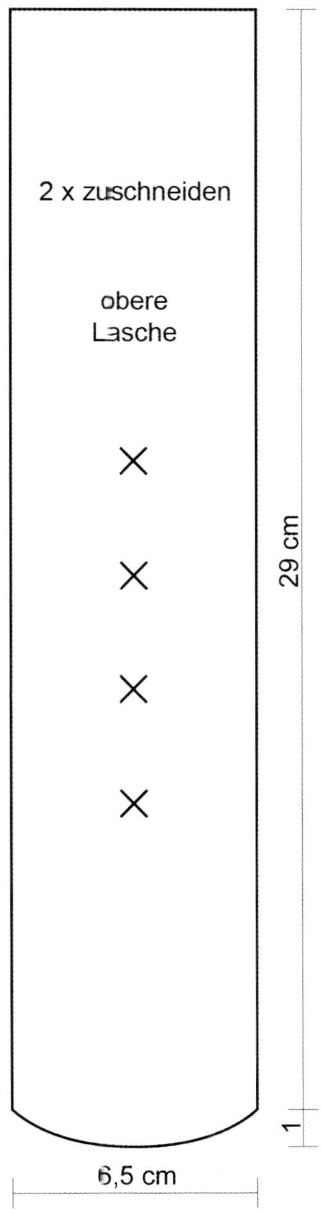

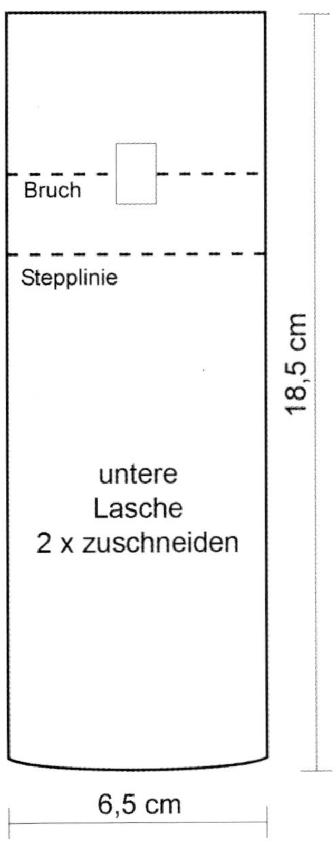

Impressum

Entwürfe und Realisation:
Petra Hoffmann (Seiten 11, 13, 15, 17, 21, 23, 25, 27, 29, 31, 33, 35, 39);
Emilie Prosty (Seiten 37 und 41);
Annette Mucha (Seiten 19)
Kreative Mitarbeit und Schemazeichnungen:
Annette Mucha
Redaktion:
Anke Sturm
Lektorat:
Maria Böhly-Maier
Fotos:
Jürgen Fey (Seiten 6, 7, 9, 11, 13, 17, 19, 21, 23, 25, 27, 29, 31, 33, 35, 37, 39);
Uzwei, Fotodesign (Seiten 15, 40, 41)
Styling:
Petra Hoffmann (Seiten 6, 7, 9, 11, 13, 17, 19, 21, 23, 25, 27, 29, 31, 33, 35, 37, 39);
Karin Schlag (Seiten 15, 40, 41)
Umschlaggestaltung:
Christiane Kölble
Layout:
Dieter Richert, Köln/Freiburg
Reproduktion:
Baun PrePress, Fellbach
Druck und Bindung:
Printer Portuguesa, Mem Martins, Portugal

ISBN 3-89858-804-1
ISBN 978-3-89858-804-1
(gültig ab 01.01.2007)

Danksagung der Autorin

Die Autorin dankt folgenden Firmen für ihre freundliche Unterstützung:
Stoffe und Plane:
Karstadt, Essen (Seiten 9, 11, 19, 21, 25, 29, 39);
Zweigart & Sawitzki, Sindelfingen (Seiten 11, 17; Plane: 15, 37);
www.filzshop24.de (Seiten 13, 15, 27, 33, 35, 37)
Taschengriffe, Applikationen und Nähzubehör:
Prym Consumer GmbH & Co. KG, Stolberg (Seiten 9, 11, 13, 15, 17, 21, 27, 29, 31, 37)
Vliesstoffe:
Freudenberg Vliesstoffe KG, Heidelberg (Seiten 9, 11, 17, 19, 29, 33, 35, 38)
Federborte, Metallschließen:
Union Knopf, Bielefeld (Seiten 21, 27)
Perlen und Knöpfe:
Rayher Hobby GmbH
über den Hobby- und Bastelfachhandel (Seiten 9, 13, 19, 23, 39)
Farben und Lacke:
Marabuwerke GmbH & Co. KG
Asperger Str. 4
71732 Tamm
www.marabu-kreativ.de (Seite 15)
Garne:
Coats GmbH, Kenzingen
Seiten (Seiten 8–39)
Wolle:
Lana Grossa GmbH, Gaimersheim (Seite 11)
Fotorequisiten:
www.okversand.com
und Sia Deutschland GmbH, Trier

Autorin und Verlag haben die größtmögliche Sorgfalt walten lassen, um sicherzustellen, dass alle Angaben und Anleitungen korrekt sind, können jedoch im Falle unrichtiger Angaben keinerlei Haftung für eventuelle Folgen, direkte oder indirekte, übernehmen. Die gezeigten Materialien sind zeitlich unverbindlich. Der Verlag übernimmt für Verfügbarkeit und Lieferbarkeit keine Gewähr und keine Haftung.

Farbe und Helligkeit der in diesem Buch gezeigten Stoffe, Materialien und Modelle können von den jeweiligen Originalen abweichen. Die bildliche Darstellung ist nicht verbindlich. Der Verlag übernimmt keine Gewähr und keine Haftung.